Date _____

Date _____

Date _____

Date _____

Date _____

Date _____

Date _____

Date _____

Date _____

Date _____

Date _____

Date _____

Date _____

Date _____

Date _____

Date _____

Date _____

Date _____

Date _____

Date _____

Date _____

Date _____

Date _____

Date _____

Date _____

Date _____

Date _____

Date _____

Date _____

Date _____

Date _____

Date _____

Date _____

Date _____

Date _____

Date _____

Date _____

Date _____

Date _____

Date _____

Date _____

Date _____

Date _____

Date _____

Date _____

Date _____

Date _____

Date _____

Date _____

Date _____

Date _____

Date _____

Date _____

Date _____

Date _____

Date _____

Date _____

Date _____

Date _____

Date _____

Date _____

Date _____

Date _____

Date _____

Date _____

Date _____

Date _____

Date _____

Date _____

Date _____

Date _____

Date _____

Date _____

Date _____

Date _____

Date _____

Date _____

Date _____

Date _____

Date _____

Date _____

Date _____

Date _____

Date _____

Date _____

Date _____

Date _____

Date _____

Date _____

Date _____

Date _____

Date _____

Date _____

Date _____

Date _____

Date _____

Date _____

Date _____

Date _____

Date _____

Date _____

Date _____

Date _____

Date _____

Date _____

Date _____

Date _____

Made in the USA
Lexington, KY
18 November 2018